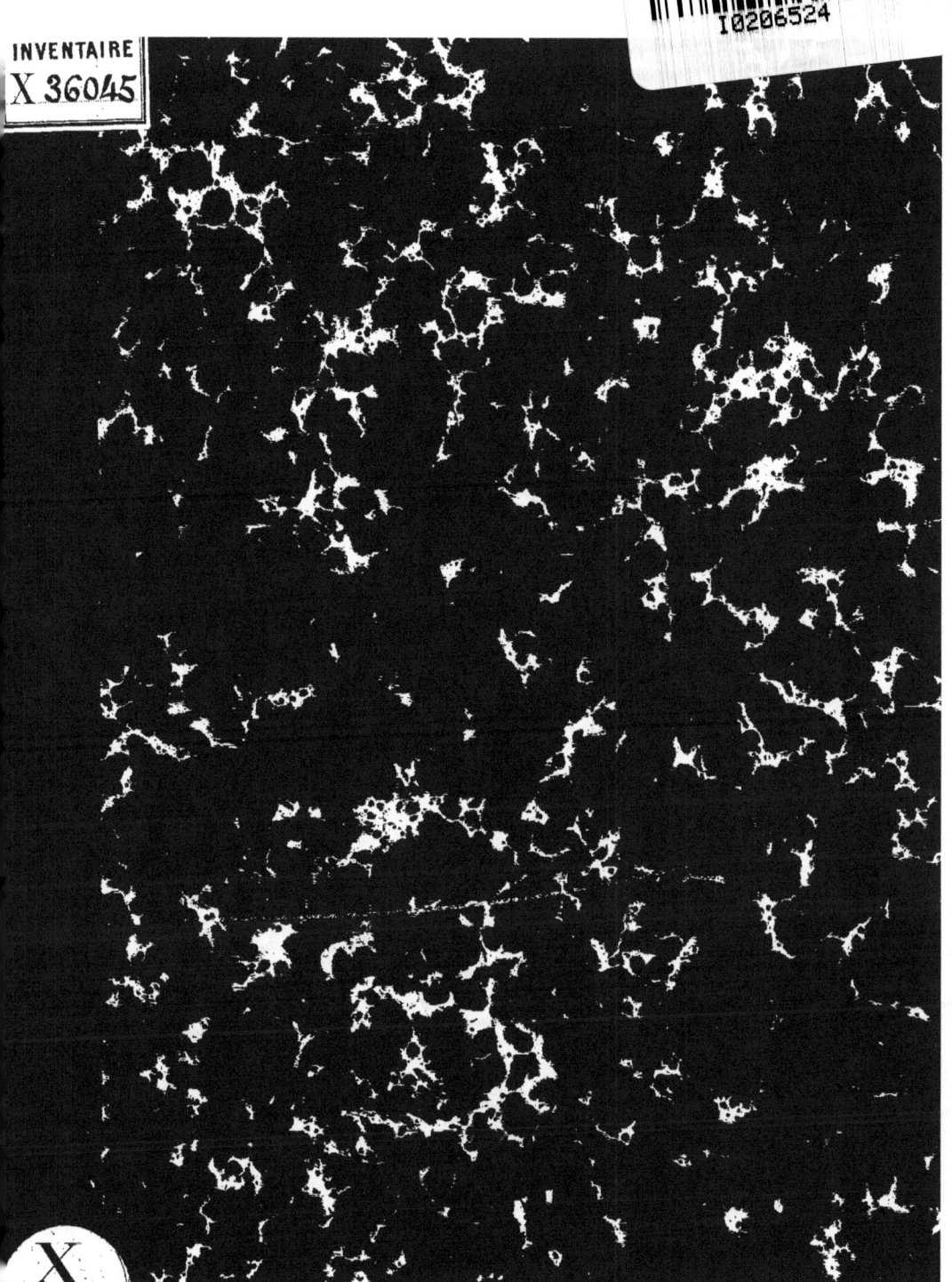

X

VOCABULAIRE

DU

PATOIS DU PAYS MESSIN

PAR

EUGÈNE ROLLAND

(Extrait de la Romania, t. III, 1874)

PARIS
LIBRAIRIE A. FRANCK
(F. VIEWEG, PROPRIÉTAIRE)
67, RUE RICHELIEU

VOCABULAIRE

DU PATOIS DU PAYS MESSIN

TEL QU'IL EST ACTUELLEMENT PARLÉ A RÉMILLY

(Ancien département de la Moselle, canton de Pange).

Ce petit vocabulaire ne contient pas tous les mots du patois de Rémilly. J'ai dû faire un choix et j'y ai seulement admis :

1° Les mots qui n'existent pas dans la langue française (prenant le dictionnaire de Littré pour base).

2° Un certain nombre de mots qui, ne différant du français que phonétiquement, peuvent à première vue n'être pas reconnus; et qui, rapprochés les uns des autres, peuvent servir à faire comprendre la phonétique de ce patois.

3° Un certain nombre de mots dont les sons ou combinaisons de sons peuvent intéresser les linguistes.

4° Un petit nombre de formes de flexion.

J'ai recueilli tous ces mots de la bouche de personnes de la localité[1], et j'ai cherché à les rendre exactement en me servant du système orthographique suivant, dont les principes sont que toute lettre écrite doit être prononcée et qu'un seul son doit être rendu par une seule lettre (à ce dernier principe j'ai cru devoir faire deux ou trois exceptions pour ne pas introduire trop de signes nouveaux).

VOYELLES.

a, é, è, i, o ont la même valeur qu'en français.

ä a un son intermédiaire entre *a* et *è*. (C'est un son particulier dont je ne connais pas d'équivalent dans d'autres langues.)

ë se prononce partout comme *e* français dans *chemin*.

u = ou

---

1. M. Nicolas Butin, particulièrement, m'a prêté un concours utile.

ü = u
ā, ī, ō, ū = â, î, ô, oû
ã, ĩ, õ = an, in, on

CONSONNES.

b, ch, d, f, j, l, m, n, p, r, v, y, z ont la même valeur qu'en français, de même que l, ll mouillées précédées d'un i

c a partout la valeur de k
g a partout la valeur de gu
h est toujours aspirée
hh est une h très-aspirée, se prononçant comme le hha arabe. On l'obtient en essayant de prononcer deux h consécutives.
ñ = gn
-~ représente une résonnance nasale, correspondant à l'anusvāra sanscrit [1]; résonnance analogue à celle que font entendre les méridionaux dans aman, les anglais dans mutton.
s a partout la valeur de ç

A

ābëhh individu maladroit, embarrassé.
ābiautë éblouir.
ābulë éparpillé, répandu.
āchät' mal venu, chétif (se dit des enfants).
āciap' courroie qui sert à attacher le cheval de dehors avec le cheval qui est à la main.
ācralë (s') enfoncer dans un terrain humide.
ädië aider.
ädië chenet, landier.
ädrö endroit.
afā enfant.
ăfé enfer.
ăfohhnë enrager, endiabler (j'ăfohën', j'enrage).
ăgõ gond de porte.

ähh aise.
ähië aisé.
ahõ ourlet.
ăhôchë mettre dedans avec force.
alë aller (jë vrä, j'irai, j'ă vrä, je m'en irai.
ālè ainsi, comme ça.
älhhat' oseille.
aliat' alise.
aliati alisier.
ālir' choisir.
alôdrèl' hirondelle.
aluat' alouette.
än' ânesse; âne en général.
ănayë (s') s'ennuyer.
ăpär' allumer.
āpri~ allumé.
āprëm' seulement.
āptë emporter.
är air.
araill' oreille.

---

1. Cf. Abel Bergaigne, De la valeur phonétique de l'anusvara sanscrit (Mémoires de la Société de linguistique. Tome II, 1er fasc.).

ärièy' aire de grange.
ăr'në éreinter, (j'ărën' j'éreinte).
artëhõ mite, artison.
artis' vétérinaire.
ăsan' ensemble.
ăsë comme ceci, de cette manière-ci.
ătër entre.
ătonü entonnoir.
ătrë entrer (j'ătër j'entre).
ătrèfnë dessaisonner, cultiver en trèfle.
ătrèy' cimetière.
ătūn' bêta.
auèn' avoine.
auoy' aiguille.
auo, auë avoir (j' a, j'ai; t' é, tu as; l' ë, il a; j' èvã, nous avons; v' èvö, vous avez; l' õ, ils ont; j' a èvü, j'ai eu.
ay' oui.
ăz' on (avec le verbe au pluriel, ăz' õ, on a).

B

ba crapaud
bā baiser (mot enfantin).
bacal' belette.
bacè; bacès' boiteux; boiteuse.
bacès' bécasse.
bacèsië boiter (jë bacès', je boite).
bach' bō pic, pivert.
bachë frapper.
baciu bûcheron.
bacõ lard.
băgard' garde champêtre.
băhië baiser.
baluat' charançon
băsèl' fille
bau trou d'eau, mare.
bauë aboyer.
bé beau.
bëg'nat' cuiller en bois.
bèhh (ă) en bas.

bèillë donner.
lürèt' (i n' i ë bèl) il y a longtemps.
bën' bien.
bëñ' coup à la tête, claque.
bëñõ paroi latérale d'un tombereau ou d'une voiture de fumier, remplaçant l'échelle.
bërā bélier.
bèra baril.
bèrbi brebis.
bèrboillā mauvais discoureur.
bèrèñ rosse, mauvais cheval (ce mot s'emploie comme injure).
bès'në bassiner; faire un charivari aux veufs qui se remarient.
bès'nür' bassinoire.
bètom' baptême.
bètü lieu où l'on bat les denrées.
bèvrō bavette.
bëyar verrat.
b(ë)zã besoin.
biã blanc.
biăm' blême.
bia; bias blet; blette.
biasi lieu où l'on fait mûrir les fruits cueillis.
biautë léz ëil cligner les yeux.
Bibi, Bibich', Bichō Barbe, prénom.
bic è boc hermaphrodite.
bicaué têtard de grenouille ou de crapaud.
bië bœuf.
bié blé.
bièmë blâmer.
bihië bercer.
bihh berceau.
bioc' boucle.
bō, bou bois.
bōbard' espèce de salsifis sauvage dont on mange la racine crue.
boc bouc.
bocat' chèvre; petite meule de foin.
boci͂ jeune bouc; giboulée d'avril.

bodat' nombril.
bodic bonhomme (en terre, etc.)
bodië étui du faucheur avec la pierre à aiguiser et de l'eau.
bōdõ bourdon.
bohh bouche.
bohhlu bûcheron.
bōläy' troupe, bande (par ex. : d'enfants).
bōlë troubler l'eau.
bolö, bolëy' bois pourri dont on fait une espèce d'amadou.
bōñ' orvet.
bosèc' gros homme; saligot.
bovu buveur.
bozat' croûte qui se forme sur la tête des jeunes enfants.
bozrë barbouillé.
bracë rompre le chanvre.
bracü instrument pour rompre le chanvre.
brär' pleurer. Mot employé sans nuance de plaisanterie.
brè bras.
brècnōdd' espèce de cerise aigre.
brëhh brosse.
brèm' fragile.
brèzō brasier.
brica oie mâle.
brichtu gilet.
brigalë bigarré.
brījë hameçon.
brob' bourbe.
brōv' brave, bien mis, bien habillé.
brüya jeu composé d'un os percé que l'on fait tourner avec bruit au moyen d'une double ficelle.
buäy' lessive.
būch' botte de paille ou de foin.
buér' boire (*jë buo*, je bois; *jë bovā*, nous buvons; *i buon'*, ils boivent.
buĩ bon.
busië pousser.

b'zañ' (au plur.) vêtements.

C (= K partout).

cacalijō coq (onomatopée; expression enfantine); coquelicot.
cach' truie qui a subi l'opération de l'ablation des ovaires.
cachäy' action d'enlever les ovaires.
cachu celui qui fait l'oblation des ovaires.
cacië chatouiller (*jë cacëill'*, ou, *jë cacill'*, je chatouille.
caciu chatouilleux.
caf' cosse (de fèves, etc.).
cahō~ñ' citrouille.
caill' éclat de bois.
caramuña rétameur ambulant.
cau queue.
cauchèt' prêle, plante.
cauyèn' petite queue d'étang; bout de champ.
cauo animal qui a la queue coupée; lièvre.
cäya celui qui louche; qui a les yeux de travers.
cayë secouer.
cäyë loucher.
cëhh cuisse.
cëill'rat' petite cuiller pour les enfants.
cëmë écumer.
cèn' canard en général.
cèñ' chienne.
cëña petit coin.
cëñōl' quenouille.
cëriu curieux.
cëzāsië renvoyer, chasser brutalement.
cèsat' refus de donner en mariage (*auo lè cèsat'*, être refusé en mariage, *bèillë lè cèsat'* refuser en mariage.
cèsiō casserolle.

Cètich', Cètō Catherine.
cëvé cuveau.
chä viande.
chã Jean.
chã 'cōcñō homme qui s'occupe des affaires qui regardent habituellement les femmes.
chã cocot' idem.
chã horã chat huant.
chãbri treille.
chach' sec, sèche.
chãchèn' stérile.
chalūn' chanoine.
charchë chercher.
charpañ' espèce de panier.
chau cheveu.
chauat' chouette.
chävat' chaîne sur laquelle tirent les chevaux de devant à la charrue.
chë chez.
ché char.
chèci~ chacun.
chëf' chevalet à scier le bois.
chèf' mue, cage à poulets.
chëmi~hh chemise.
chèmnäy' cheminée.
chèntré espèce de goufre.
chèñ' chanvre.
chëñë lè' dã grincer des dents.
chèpé chapeau.
chèpoillë (so) se disputer.
chèrgatë jouer à la bascule, jouer à la balançoire.
chèrgatü jeu de bascule, balançoire.
chèri charron.
chèrigãgō~ñ escargot.
chèrigōgat' coccinelle.
chèrō, chèrou charrue.
chèrvelü brin de chanvre qui reste après qu'il a été broyé. Autrefois on enduisait ces brins avec du soufre et on s'en servait comme d'allumettes.
chèsō petit chat.

chèsu chasseur.
chèsür' mèche de fouet.
chèt' chat en général.
chètri rucher.
chètru châtreur.
chètür' ruche.
chicë (s'a bën) c'est bien tombé, c'est arrivé à point.
chījë changer.
chi~ chien.
chir' chaise.
chirat' petite chaise.
chōcü pressoir.
chōdronië chaudronnier, chardonneret (dans d'autres villages le chardonneret porte le nom de *chètronürië*).
chör' tomber.
chtãfü insecte aquatique, l'hydrophile(?).
chuchèt' cheveux en accroche cœur.
chvō cheval.
ciach' cloche.
cibul' culbute.
cibulë culbuter.
cicãbul' (far'lè) faire la culbute, faire de mauvaises affaires.
ciëpat' crachat, salive.
ciëpë cracher, saliver.
ciëtō bardane (plante).
c'mãs' (féminin) commencement.
co cour.
cō coup.
cocōb' concombre.
cohèl petite cour, espèce de ruelle.
colãbri colombier.
comiël' cornouille.
conat' espèce de gâteaux que font les Valentines à leurs Valentins.
cō~ñ couenne.
conahh connaître.
con'hhü connu.
con'hhé chausson aux pommes.
cop' trouble (engin de pêche).

cŏptü chaîne qui soutient la *chävat'* (voir ce mot).
cor' courir.
corchü écorchoir, abattoir.
corës' mèñèy' échine.
coriat' cordon de soulier.
corjèy' fouet en cuir.
cosŏ marchand de volailles ambulant.
cot' coude.
cotãj' prix d'une chose.
cova chaufferette.
covét' couvercle, couverture.
cov'ras' poule couveuse, cône de sapin.
cozèn' cousine.
cozi cousin.
cōzi, cōzimã presque.
crap' mangeoire de cheval.
cräti desséché.
crèbō corbeau.
crëc cruche.
crècat' petite cruche.
crëc'niŏ cruchette, petite cruche.
crèmō crémaillère.
crèñ' veillée.
crèpō crapaud.
crèpsŏ (ã) racoquillé.
crëvë crever (*je crëf*, je crève).
crëy' craie.
crōnat' sommet d'un arbre.
crör' croire (*v' crèyö*, vous croyez, *i crön'* ils croient).
crü croix.
cruäy' corvée.
cu pierre à aiguiser la faux.
cuäl' caille.
cuaraill' cercle de personnes où l'on bavarde.
cudür' culture.
cuèchë cacher.
cuèr' chercher.
cuèrom' carême.
cuèt' quatre.
cuèt'trèpay' }
cuètètrèpay } lézard, salamandre.
cuètur quatorze.
cuha gilet, camisole.
cühèn' cuisine.
cühhnir' cuisinière.
cuhië (so) se taire.
cūn corne.
cuo (so mat ō) se mettre à l'abri.
cür' cuire (*jë cü*, je cuis, *jë cühã*, nous cuisons).
curi noisetier.
cuz' cause.

D

dä, dia, dio se dit aux chevaux pour les faire appuyer à gauche.
dä dvã se dit aux chevaux pour les faire tourner à gauche.
dän' excédé de fatigue ; qui ne voit plus clair à force de fatigue.
dariĩ dernier.
däyë c'est aller pendant les veillées d'hiver frapper aux fenêtres pour faire avec les personnes de l'intérieur et sans se faire connaître une conversation sur toute espèce de sujets, souvent en vers rimés par assonance.
däy'mã action de *däyë*. Ecrit en vers rimés par assonance, qui résume ce que l'on a pu dire dans ces veillées sur le sujet du jour.
dëbacarë taché de petite vérole.
dëgrèmonë enlever le chiendent.
dëgrèmonë (so) se démener.
dëlé auprès.
dèm' dame.
dëmhhal' servante.
d(ë)muĩzèl' demoiselle.
dëpènë dépenser.
dëva vers (prép.).
dëvé, dëvès' ouvert, ouverte.

dëvér' ouvrir.
déyë derrière.
d'frälë abîmé, abattu, dérangé.
d'groboillë (so) chercher à sortir d'embarras, se démener.
d'grōlë (so) se démener.
d'hhãd' descendre.
diäl' diable.
diëmãch' dimanche.
dihh dix.
dĩn' dinde.
dĩnat' petite dinde.
dĩnõ dindon.
dir' dire (je d'hhã nous disons, i dihh ils disent, jë d'hhö je disais.
djünë déjeuner.
djünõ le déjeuner.
dō dé à coudre.
dõ du (dõ bacõ, du lard).
Dōdich', Giōda Claude.
dōnë damner.
dosé rejet de terre sur le bord d'un fossé.
dotë craindre (verbe actif).
döy' doigt.
doyõ endroit resté non labouré par suite de la maladresse de celui qui conduit la charrue.
dōz' douze.
drahat' demi-porte d'écurie, de jardin.
drähé idem.
drähh idem.
drasü dressoir.
drëmi~ dormir (jë drëm', je dors).
drõ droit.
du, dus' deux (va du mĩ, vos deux mains, j'ati~na dus', nous étions nous deux.
d'vã tablier.
dühh dur.

E

ècrië écureuil.
ègiès' pie.
èhö hier.
ëil (léz) les yeux.
ëilla liseron.
ëillō dã dent œillère.
èmë, èmäy' aimé ; aimée. — Remarque : les participes passés en ë font leur féminin en äy'.
èmi~ ami.
èmoru amoureux.
èmrèl' camomille.
èmūr amour.
ènäy' année.
èné anneau.
ènü aujourd'hui.
èñé agneau.
èñõ ognon.
èpayë (s') s'appuyer.
èptë apporter.
èrãtöl' toile d'araignée.
èrèñ' araignée.
èrjã argent.
èrsõ hérisson.
èsiëtë (s') s'asseoir.
èsiëtü siége, endroit pour s'asseoir.
ét' être (je sü je suis, t' a tu es, l' a il est, j' atã nous sommes, v' atö vous êtes, i sõ ils sont, j'a ètü j'ai été.
ëtëil outil.
èto aussi, tout de même.
ètoné étourneau.
èva avec.
èvō, tot èvō partout.
èvül aveugle.
èyu où ?

F

fär' faire (v'feyö vous faites, fa fait.
fas' perche.

fauén' fouine.
fay' foie.
fäy' fée.
fë fils.
fé fer.
fèhi~ fagot.
fëill' fille.
fëmir' fumée.
fën' fourche.
fènō fenaison.
fërgëillë farfouiller avec un instrument quelconque.
fesé tourniquet d'une voiture à foin.
fèyèn' faîne.
f'hhō putois.
fiähh flasque.
fiärë puer.
fië, d'fië dehors.
fiëhh fier.
fiëf' fièvre.
fièyé fléau à battre le blé.
fi~ très, beaucoup (*s'a fi~ bui* = c'est très-bon).
fiōs' galette.
fiōv' conte, histoire.
fiüta sifflet.
fiütë siffler.
fō hêtre.
fōchë fâché.
fohh four.
folã frelon.
fom' femme.
fomrö fumier.
foné fourneau.
fonür' pelle à four.
frähhniō cornouiller sanguin (arbuste).
framë fermer.
frëmi~ fourmi.
frèpoill' fripe, friperie.
frér' frère.
fri (*mè*) ma foi, par ma foi.
frö, fröd' froid, froide.
fröillō fourche de bois servant à retourner les fagots dans le four.
fromjō mauve sauvage.
frü fruit.
fü feu.
fuäy' charge de bois.
fuèb' faible.
fūn' tige de pommes de terre.
füñë fouiller, chercher en fouillant.
fūr fort.
fuyã taupe.

G (= Gu partout).

gadi~ taurillon.
gãgië aller de travers (*je gãgëill'* je vais de travers.
gãgië lè ciach' sonner les cloches.
gajat' fente d'une blouse, poche de robe de femme.
gas' gorge.
gäy' chèvre.
gèyi~ fromage sec et salé du pays.
gèhō garçon.
gëill' quille (*rëgëillë* = renvoyer les boules au jeu de quilles.
gëillë donner un coup de pied.
gën' grenier au-dessus d'une grange.
gënich' guenille.
gërni~ grenier.
giès' glace.
go goût.
go d'ië dire *go d'ië* à quelqu'un, c'est lui donner le droit de vous jeter un œuf à la figure pour vous en faire sentir le goût (*go*).
gōäy' averse.
gotra avant-toit.
goviō goujon.
gral' grêle.
gräl' collet de chemise.
grävis' écrevisse.
grèmō chiendent.
grëzèl' groseille.
grī culture mélangée d'orge et d'avoine.

gria grillon.
grif' grive.
grō groin.
grōd'bir' pomme de terre.
grü (au plur.) du son.
grülë trembler, grelotter.
güñ' bouloir, perche à battre l'eau (terme de pêche).
güñë se servir du bouloir.

H (= H aspirée).

hã droit d'entrée, droit d'usage.
hãdë fatigué.
hãdlë balayer.
hãdlür' balais.
halä̈y' pluie, ondée.
halë secouer (par ex. : un arbre pour en faire tomber les fruits).
halér' buse, oiseau de proie en général.
hälèt' chapeau des femmes du pays.
hal'ras' espèce de prune printanière.
harō héron.
hauat' pioche, houe.
hauë, *hauo* piocher (*je hau* je pioche).
häyë marcher.
hèchë tirer, attirer à soi.
hèchru mauvais ouvrier.
hédi berger.
hëla têtard ou chabot (petit poisson).
hëla hanneton.
hèn' semaille.
hènë semer.
hëpäy' poignée.
hëpäy' pas, enjambée.
hër' chevelure (se dit par plaisanterie).
hèrat' rosse, mauvais cheval.
hërës' (*pār' pè lè*) prendre par la tête.

hét' troupeau.
hètré foie de cochon.
hèyã ennuyeux, tourmentant.
hèyèn' haine.
hèzi trop cuit, brûlé.
Hi-bé Humbert.
hoñë porc en graisse.
hop' huppe (oiseau).
hop'lād' fausse avoine.
hōsië lever, ramasser.
hōtō résidus de la denrée vannée.
hüo manche de fouet, fouet avec un manche en bois.
hūtë cesser.
huyë appeler, dénommer.

HH = H très-aspirée.

hhã entaille, cran, passage à travers une haie.
hhala noix.
hharëm mot que l'on adresse à un cheval pour le faire tourner à gauche.
hharëmō idem.
hharr (*è*) mot adressé aux chevaux pour les faire appuyer à gauche.
hhautrë pincer la vigne.
hhayë goûter, essayer.
hhèdë brèche-dents.
hhihh six.
hhill' morceau d'une bûche de bois fendue.
hhi-sië exciter (un chien, etc.) contre quelqu'un.
hhlonë battre quelqu'un à coups de bâton.
hho, *hhot'* sourd, sourde.
hhōdür' ortie.
hhōfé grande scie des scieurs de long.
hhofië souffler (*je hhofëill'* je souffle).
hhōillã glissoir.
hhōillë glisser.
hhōillë ã lãdrichō glisser accroupi sur les talons.

hhōillü glissoir.
hhōl' échelle.
hhot'(è) mot adressé à un cheval pour le faire appuyer à droite.
hhotëm idem.
hhotü idem.
hhōuo laver, lessiver.
hhrōill' érable champêtre.
hhuäy' (è) à couvert.
hhūbë faire sortir le grain des gerbes en frappant celles-ci contre une table ou autre chose.
hhülā gourmet, fin bec.
hhuo essuyer.
hhütvohü mot adressé à un cheval à la charrue pour le faire tourner à droite.
hhür sûr.
hhür' suivre.

I

iäc quelque chose (s' n'a uä iäc = ce n'est pas grand chose.
ica encore.
ië, nië œuf.
i , ën' un, une, (article indéterminé).
i~c, iën' un, une (nombre).
ir' carreau de légumes.
irp' herse.
iut' outre, au-delà.
iut' juif.

J

jābië chanceler (jë jābëill' je chancelle).
jac (è) accroupi, assis sur les talons.
jäc geai.
jacü perchoir des poules.
jala jeune coq.
jaläy' gelée.
jal'hhō échelle de devant d'un charriot.
jali joli.
jaluāt' girouette; dévidoir d'un écheveau.
jan' jeune; oiseau en général; petit d'un animal.
jan' d'ërsō enfant d'hérisson, injure.
jan' dë lu enfant de loup, injure.
jan' dë mëch' gamin (se dit par plaisanterie).
jār' gendre.
jau joue.
jauäy' gifle.
jë, j' je, nous, jë ptã nous portons.
jèdi~ jardin.
jëlnir' poulailler.
jèma jamais.
jëmā jument.
j(ë)nè genou.
jëni~ génisse.
Jëzō Joseph.
jënüfläy' giroflée.
jo jour.
jō jamais.
jō coq.
jot' (mot féminin) chou.
juif juif.

L

l' il, elle, ils, elles.
läsé lait.
lätèj' laitage.
lätië donner du lait.
lātrënat' feu follet.
läyë laisser (lä më laisse-moi).
lazar lézard.
lè la.
lèhië laisser.
lëmé palonnier.
lèsō collet pour prendre le gibier.
lëvë lever (jë lëf je lève).
lèy' elle, elles (èva lèy' avec elle).
lèy' lie.

li lui (*èva li* avec lui).
lïëf lièvre.
linèt' lunette, linotte.
līsïë drap de lit.
lüür' purin.
lo le.
lõ loin.
lôj' long, longue.
lōs' tarière.
luf' louve.
lürèl' langes.
lüriō loriot.

M

ma mot.
mä pétrin.
mä mais.
macaill' grumeau.
macë (s') se moquer.
mac'hhō gesse tubéreuse dont on mange les racines cuites sous la cendre.
mähäy' viorne (arbuste).
mahhrë mâchurer.
mäill' maladie d'yeux.
mal' poche.
malë mêler.
mali~ méchant.
mamã moment.
mãmi~ grand'mère.
mãr' misérable, malheureux.
mariī pousse, tige de vigne de l'année.
mãsiō (fär') faire semblant.
mat' mettre.
mät' maître.
mãt' mensonge.
matō menton.
matō (au plur.) lait caillé.
mãtrèy' mensonge.
mãtu menteur.
m'chë mieux.
më moi.

më, m' pas ; négation qui s'emploie après un verbe (*jë n'vïë-m'* je ne veux pas).
mé jardin.
mècërdi mercredi.
mëch' miche.
mëhh humide.
mél' merle.
mëlü miroir.
mëm' mamelle.
mën'sïë menacer.
mèñèy' jeune fille, jeune femme.
mér' mère.
mèrãdë goûter (à quatre heures de l'après-midi).
mèrahh marais.
mèrchō maréchal.
mëri mourir.
mèsãhay' roitelet, troglodyte (?).
mét' vilenie, saleté.
mèté marteau.
Mèyat' Marie.
m'hhō tas, amas (de foin, de pierres, etc.)
mïël miel.
mïël' meule à aiguiser.
mïëlë nager.
mīm' même.
mirèc miracle.
mirgë lilas.
mirgë d'bō muguet (plante).
mis' rate.
mitã milieu.
miu meilleur.
m'mã mère, maman (*mè m'mã*, ma mère).
mo, mn', m' mon (*mn* devant les voyelles, *s'a mn ovrèj'* c'est mon ouvrage).
mō la mort, mort.
mō mal (*j'a mō drëmi~* j'ai mal dormi, *j'a mō l' pïë* j'ai mal au pied).
mö, mëy' n'est-ce pas ?

mōgré malgré.
moha moineau.
mohé morceau.
mohō moisson.
mōhō maison.
mohü mouchoir.
mohh mouche.
mohhnë moissonner.
momã maman.
morahhniōl' maussade.
mos' mousse.
mōsé monceau.
moti~ église.
motīj' culture mélangée de deux denrées différentes.
motöl' loche franche (poisson).
m'ti métier.
mū beaucoup, très.
mūd' mode.
muĩnë mener.
muĩtië moitié.
mül' dë trī meule de foin.
muo mois.
mūrihh grimace.
murvéhh ver luisant.

N

na nos.
na (lo pūr) le pauvre garçon.
nacré les quatre doigts d'un poing fermé.
naf' neige.
nahō trognon.
n'a'm n'est-ce pas ?
näni non.
nas' noce.
nat' notre.
nãt' excédé de fatigue.
naui noyer (arbre).
nauyō noyau.
nayë noyer.
nép' nèfle.
nèyèl nielle (plante).

niã non.
Nichō, Nanèt' Anne.
nië ; niöv' neuf ; neuve.
nïëf neuf (novem).
niō œuf artificiel que l'on met dans les nids des poules pour les y faire pondre.
no nous (èva no avec nous).
nō~n' heure de midi (èprè nō~n' = après-midi).
nō~nat' épingle.
nonō oncle (terme de familiarité).
nör noir.
nōs' morve.
nov'lat' agneau femelle.
nü nuit.
nū nœud.
nühat' noisette.

O

ōbat' ablette.
obsō champignon.
ōchchë (j'a) j'ai autant, ça m'est égal.
ōci~ oncle.
odil' imbécille.
ōgru heureux.
ohh porte.
ōhh orge.
ōj'dü aujourd'hui.
ōl' aile.
ōmar' armoire.
ōpéti appétit.
ōs', ōsë aussi (l'a ōs' bën' tolè il est aussi bien là, è mè ōsë et moi aussi).
ōs'tā autant.
ōtèl (l') celui-là (cias' l'ōtèl ? qu'est-ce que c'est que celui-là ?)
ōu eau.
ōuäy' soupe pour les vaches, les cochons.
oui dressoir au-dessus de l'évier.

ovrë travailler (*j'ovër'*, je travaille).
ovri ouvrir.
ovri, ovrir' ouvrier, ouvrière.

P

pa pot.
pa pet.
pā, pās' épais, épaisse.
pahë pêcher.
pădaraill' boucle d'oreille.
pahh pêche.
pähh paix.
pähh omoplate.
palë parler.
palō pelle de bois dont on se sert pour prendre du blé, de l'avoine en grain.
păpi~ grand-père.
pãr' prendre (*pri~* pris).
paroli bavardage.
patch' fruit rouge de l'aubépine.
pau peur.
p'cha bichet, mesure de capacité.
pë, pët' laid, laide.
pë rcha (lé) ceux qui ne vont à une noce que le soir et en habit de travail.
pé peau.
pè par.
pè pas (*passus*).
péd' perdre (*jë pé* je perds).
pëdü, pëdau perdu, perdue. — Remarque. Les participes passés en *ü* font *au* au féminin.
pèhé échalas.
pëhië pisser.
pèhō~n' personne.
pèill' balle (d'avoine, etc.)
pëm' pomme.
pélat' poêle.
pëmat' pomme sauvage.
pèn' épine (*biăch' pèn'* aubépine, *nör' pèn'* épine noire.

pënabo nerprun purgatif ou raisin de chien.
pënäy' pièce de toile.
pënèl' prunelle.
pëñ' dë miël rayon de miel.
pér' père.
pèrail pareil.
pèsäy' pas, trace de pas, allée et venue.
pèt' punaise.
pèteré pâtureau ou petit pâtre qui garde les chevaux et les vaches.
pètrō pâtural.
p'hhé cochon.
p'hhô poisson.
pia, piat' petit, petite.
piähi plaisir.
piō, piou pluie.
pië pied.
piè plat.
piëmär plumet.
piès' place.
pihat' bluet.
piī plein.
piōn' bouvreuil.
piör' pleuvoir.
pirch' perche.
plör' pouvoir (*plöv' lo fär'* pouvez-vous le faire? *jë pië* je peux, *jë povã* nous pouvons, *j'a povü* j'ai pu).
pō pour.
pō pieu.
pocè pourquoi.
pohën'räy' cochonnerie, chose grivoise.
poill' poule.
poillat' petite poule.
pōl' pelle.
pola tige, brin de paille, tube.
pōm' épi.
poñ poing.
pōpië papier.
popli peuplier.
porjō (au plur.) ciboulette.

pōsiãs' patience.
pōt' lèvre.
pot' porte.
potat' petite porte.
potat' agrafe.
poyat' nuque de la tête.
p'pa père, terme de familiarité (*s'a m'p'pa* c'est mon père).
prëmi~ premier.
propëliör' petite vérole.
ptë porter (*jë pūt*, je porte).
pū peu.
pü plus.
pühïë puiser.
pühh puits.
puo pois.
puo d'chi~ chiendent.
puo dë p'hhi espèce de macaron que l'on fait à l'occasion des Valentins.
puo d'sëc dragée.
puohh poix.
puohõ (mot féminin) poison.
pūr pauvre.
pusat, (au plur.) bouillie.
püsi~ poussin.
putür' mélange de sons, de pommes de terre, d'eaux grasses, etc., que l'on donne aux cochons.

R

räbïë arrête bœuf, plante.
rãbrèsïë embrasser. — Remarque: ce patois ajoute volontiers un *r* prosthétique qui ne change rien au sens du verbe simple. Ainsi on dit : *rècrir' ën' lat'* = écrire une lettre.
rahõ raison.
rãmūr' aiguiser un couteau, etc.
rãpã lierre.
rãpõ qui a le même nombre de points qu'un autre joueur au jeu de quilles.
rauë courir les filles.
rauë retirer.
rãvaillë réveiller.
raya ruisseau, rigole.
räyë arracher.
räyë léz ëil regarder d'un air farouche.
r'bolë rabattu, renfoncé.
rcha habit à queue, habit.
rè rat.
rëbusïë repousser.
rëës' grommeleur.
règā crapaud.
rëgōlis' réglisse.
rëhh âpre, rude.
rëhh reste.
rèmis' vif, remuant, difficile à élever (en parlant d'un enfant).
rèmō espèce de perche pour ramoner les cheminées.
rëmuë remuer.
rèn' grenouille.
rëpë roter.
rësanë, rsanë ressembler (*i rsan' so pér'* il ressemble à son père).
rësënë, rsënë souper pour une seconde fois; faire réveillon.
rëtuillë remettre du blé dans un terrain où il y en avait déjà l'année précédente.
rèy' rave.
r'hhi~ raisin.
ribã ruban.
rigaga (*fär'*) c'est faire en passant l'index de la main droite sur celui de la main gauche un mouvement qu'on accompagne en français des mots: je t'en ratisse, et en ce patois-ci des mots *rigaga, rigaga*.
riöy' roue.
r'lūj' horloge.
rō chat mâle.
rō roi (*lo jo dè rō* le jour des rois).

rōat' ruelle.
rock' rouge.
roch' gas' rouge-gorge.
rōciō restant de quelque chose, résidu. — Injure adressée à des enfants.
rõda rondeau.
rojëliör' rougeole.
rôhh ronce.
rōill' fourgon crochu.
rōsi~ cheval entier.
rosiō roux.
röt'la roitelet.
roza roseau.
r'siör recevoir (jë r'sië je reçois).
r'té rateau.
rü ruisseau.
ruätië regarder.
rūbat' blouse.
ruè roi.
ruèsiñol rossignol.
ruèyi~ regain.
rün' ruine.
rūtë ôter.
ruz' rose.
ruzi rosier.
r'vé (ã) en arrière.

S

sāc soc de charrue.
sāc cercle.
sanë sembler.
särmã serment.
sarp' serpe.
satré lutin des chevaux.
sauo savoir (i sèn' ils savent).
säv' sable.
sav'ñō sureau.
say' scie.
sayë scier.
së si (conditionnel).
së, s' si, aussi, autant.
sé sel.

sëc sucre.
sècãt' (ën') un grand nombre.
sëciü sarcloir.
sëgia hoquet.
séj' sage.
sètèl' celle-là.
sèvir' civière.
sèy' seau.
sia si, mais si.
si~c cinq.
sigō~ñ cigogne.
sië sœur.
Sis', Sisa, Sisō François.
sitèl celui-là.
sitsël celui-ci.
siv' sève.
siyë couper le blé.
sla soleil.
sla mësã soleil couchant.
slihh cerise.
slihi cerisier.
snë sonner (jë sën' je sonne).
so, sn, s' son, sa (sn devant u voyelle).
so s' se.
sō soûl.
sö soif.
söl' seigle.
solé soulier.
solè, slè cela.
somã jachère.
somë semer.
sōni~ boîte au sel.
sop' soupe.
sōt'sri chauve-souris. Jeu dans lequel un enfant cherche à toucher de son doigt mouillé le pied d'un de ses camarades qui sont sur une voiture, tandis que lui est à terre.
sovã souvent.
sōvü trou d'eau où l'on fait rouir le chanvre.
söyō maladie des cochons.

sōz' seize.
srëf sevrage.
sri souris.
sti, soti à la maison, chez soi.
su, sus' ce, celui, ceux (su cë s'a ce que c'est; lé sus' cë ceux que).
sü sur.
sürcrut' choucroute.

T

tä tard.
tac tronc, souche.
tacäy' trochée.
tāciat' planchette.
tacré vieux balai usé.
tahō blaireau.
talë abîmé (se dit des fruits qui se détériorent par la chute).
tanë étendu.
tät' tarte.
taté petite tasse, petite cruche (lé taté au plur. = la vaisselle en général).
tāti~ tante.
të, t' toi, tu.
tè courtilière.
tèch' poutre de support.
tëhō tison, bûche.
tèl' ételles, éclats et copeaux de bois.
tèläy' (vèch') vache qui ne donne plus de lait.
tëmë verser (verbe actif).
tëp'näy' les légumes cuits dans la soupe.
tërtürèl', türtürèl tourterelle.
tësië tousser.
tïdü éteint.
tirā tiroir.
tita (au plur.) les seins.
to toi.
to, tot' tout, toute.
to le tour.

to d'ché partie du chariot dans laquelle entre le fësé.
tobèc tabac.
tocsō brutal, homme grossier.
tofië étouffer.
tōill' table.
tōl' toile.
tolè là.
tonis' qui a le vertige, dont la tête tourne.
toñë tourner.
top' étoupe.
topiĩ beaucoup.
torto tout, toute.
tosë ici.
tot' pèr lèy' à part elle.
tot' pèr lü à part lui.
tot' pèr më à part moi.
t'pi~ pot, cruche.
tra trop.
tra très.
trābië trembler (jë trābëill' je tremble).
trāñë étrangler.
trätsël' chaînette du timon.
trëcat' jarretière.
trëcös' tenailles.
trèfté poutre transversale.
trënauo éternuer.
trèpcha trébuchet.
trèpchë trébucher.
trëvë trouver (je trëf je trouve, j' trëviĩrō je trouverai.
trèvé (ō) au travers.
trèyi~ train de culture.
trèyi~ train, bruit.
trèyō écheveau.
trĩ paille.
tridèn' tire-taine.
trĩsür' seringue.
trĩgèlt' pourboire.
trö, tröhh trois.
trōillë flâner, aller çà et là.
trōpuo femme malpropre.

trōz' treize.
truā paresseux, fainéant.
trüy' truie; espèce de jeu qui tient du jeu de barre et des quatre coins.
trüy' crampe dans le poignet.
trüyat' ivraie.
trüyat' petite truie.
tücō torcol, oiseau ; torticolis.
Tuènō Antoine.
tuill' chaume.
tül' tuile.
tuña homme qui a le cou de travers, sournois.
tuo, tuë tuer.

U (= Ou).

uä guères.
uarābō excroissance de chair.
uārch' mauvaise herbe dont les grains ressemblent à ceux du seigle.
uät' garde, attention.
uätra geai.
uca oie mâle.
uéca caillou.
uédë garder.
uèjë gager quelqu'un ; lui faire un procès-verbal.
uèñë gagner.
uép' guêpe.
uér' verre.
uèré taureau.
uèt' sale.
uèté gâteau.
uètèn' saleté.
uèyu ? où ?
uèzō gazon.
uhé petite auge qui se met sur les épaules pour porter du mortier.
uhiô oisillon ; *l'uhiô d'lè mō* l'oiseau de la mort, celui qui se pose sur le toit de la maison d'une personne qui doit mourir bientôt.

ūl', ōl' huile.
uohh gui.
ur heure.
usō oison.
üt' huit.
üvér' hiver.
uy' oie.
uyi entendre (*j' uy'* j'entends).

V

va vos.
vāciō volet.
vadir' verdière.
vādom' vendange.
vaf' veuf, veuve.
vahh vert.
vahh rèn' grenouille verte.
val voilà.
vārdi vendredi.
varné cheval ou animal dont le museau est d'une couleur et le reste du corps d'une autre.
vas' voici.
vat' votre.
vātri~ tablier.
vay' (ā) en route.
vay' fois.
vë, vo, v' vous (*vë fèyō* vous faites, *v' fèyō* vous faites, *èva vo* avec vous).
vé veau.
vèch' vache.
vèci vivre (*i vèc'* il vit).
vèhat' colchique d'automne.
vèl' ville.
vèn' clématite brûlante, plante grimpante dont on se servait autrefois pour faire des paniers ; les gamins en fument les tiges desséchées.
vèñ' vigne.
vèrmèn' chenille.
vèrmësō limaçon.

vèy' vie.
vèyi pelle à four.
vialat' violette.
vïës', vïëill' vieux, vieille.
vlör vouloir (*j' vïë* je veux, *i vïën'* ils veulent).
vni ~ venir; venu (*i vèñ'* ils viennent).
vōgā vagabond.
vōgādë vagabonder.
vol'tō hanneton.

vör voir (*jë uo* je vois).
vra vrai.
vüdïë vider.
vuè voir.

Z

zill sureau, yèble.
zu eux.
zut' leur.

Eugène ROLLAND.

(Extrait de la *Romania*, t. II, 1873.)

Nogent-le-Rotrou, imprimerie de A. Gouverneur.

www.ingramcontent.com/pod-product-compliance
Lightning Source LLC
Chambersburg PA
CBHW060609050426
42451CB00011B/2160